Dito sul grilletto

PROLOGO

Il sole africano sorge all'orizzonte, illuminando il vasto continente e portando speranza alla sua gente.

Nel mezzo delle sue terre selvagge e rigogliose si cela un oscuro segreto: il bracconaggio. Un flagello che mette a rischio la vita selvaggia e strappa l'armonia alla natura stessa.

In questa storia, il lettore verrà coinvolto come non gli è mai successo prima. Attraverso le pagine di questo libro, il protagonista avrà modo di spingersi oltre i confini delle proprie emozioni, immergendosi in una narrazione che oscilla tra la tristezza e la speranza di un riscatto.

La trama si svolge all'interno di un parco nazionale africano, dove animali maestosi e una flora straordinaria vivono in perfetto equilibrio. Tuttavia, questo fragile equilibrio viene minacciato da bracconieri senza scrupoli, intenzionati a sfruttare illegalmente le risorse naturali del continente africano.

Questi uomini senza cuore sono pronti a tutto pur di arricchirsi a spese della fauna selvatica e distruggere l'essenza stessa del continente.

Eppure, nel cuore dell'Africa, esiste una luce di speranza che resiste alle tenebre. Attivisti intraprendenti, coraggiosi guardiani dei parchi nazionali e guide turistiche sono pronti a sacrificare tutto pur di proteggere le creature che abitano queste terre. Si assumono la responsabilità di salvaguardare il regno selvaggio e si ergono come baluardi contro la crudeltà e l'avidità umane.

In questo contesto avvincente, tramite la narrazione, miro a trasmettere le emozioni contrastanti che accompagnano una lotta così instancabile. Gli orrori del bracconaggio saranno descritti con realismo, lasciando un segno indelebile nella mente del lettore. Ma emergeranno momenti di speranza, coraggio e riscatto, altrettanto intensi.

Sfido il lettore a mettersi nei panni dei protagonisti, a condividere i loro desideri, le loro battaglie e le loro vittorie. Questo prologo è un invito a unirsi alla lotta contro il bracconaggio e a sostenere l'idea che solo attraverso i giusti comportamenti e la determinazione possiamo riscattare un intero continente.

1. Prima volta dito sul grilletto

La jeep attraversava il deserto a una velocità impressionante, come un disco alieno nello spazio. Il piccolo Mirco non sapeva dove stessero andando e, in fondo, sperava solo di arrivare vivo: senza sbattere la testa o schivare piante sporgenti. Pensava, allo stesso tempo, di voler essere nello spazio, dove il sole non batteva così forte. Non era il viaggio dei suoi sogni. Ricordava di aver visto tante foto di suo padre in Africa, quando sua mamma era ancora viva e lui restava a Firenze tutto il pomeriggio a giocare con gli amici o in stanza a leggere un libro.

Le immagini viste in foto diventavano reali per suo padre, i segni che aveva visto sui loro corpi facevano pensare che il pericolo fosse in agguato in quel luogo selvaggio.

"La prima volta che sono stato in Africa, il paesaggio incontaminato, le ampie distese e i panorami a perdita d'occhio rispecchiavano esattamente il mio stato d'animo".

Queste le parole di Giovi, che per la prima volta aveva portato con sé Mirco, suo figlio, da quando sua moglie era morta sette anni prima in un incidente.

"In fondo, sono sempre stato innamorato di questo posto, ed è qui che voglio morire, ragazzo mio. Ma non per mano di qualche guardiacaccia o, ancora peggio, tra le fauci di un felino che non ho sparato, accoltellato o ferito prima con un'ascia.

Improvvisamente, il suo tono di voce si fece incerto; nei giorni precedenti aveva avuto un presentimento che non tutto stesse andando per il meglio e la paura che Mirco non fosse come lui e che lo disprezzasse non lo faceva dormire la notte.

Prese fiato e disse: «Ricordi quando ti ho parlato dei miei progetti per il futuro? Avrei voluto godermi il frutto delle mie fatiche in Madagascar. Beh, se tu credi che il tuo futuro non sia dare la caccia agli elefanti e fare il bracconiere come ha fatto tuo padre, scegli il tuo cammino, ma ricorda, ora hai 13 anni, figlio mio.

Non perdere tempo, scegli chi vorresti essere se vuoi raggiungere i tuoi obiettivi in tempo e goderti la vita".

Mirco restava seduto sul sedile posteriore con la cintura allacciata in modo da prevenire il peggio e disse a voce alta, temendo che nessuno lo sentisse:

«Non farei mai del male a nessuno, neanche a un animale, a meno che non sia lui a farlo per primo a me, o io sia in pericolo. Quando penso all'Africa, anch'io mi emoziono, ma vorrei diventare medico per aiutare questa gente a sopravvivere in un posto così pericoloso".

Tutti e tre gli uomini, Giovi, Massimo e Flavio, scoppiarono a ridere pensando a tutte le volte che avevano rischiato la vita sul campo e che avrebbero avuto bisogno di un medico.

Giovi però un po' commosso, quel giorno aveva pensato già molte volte alla moglie, purtroppo il destino gli aveva sottratto prima del tempo la madre di Mirco.

"Questo è un bellissimo sogno, ragazzo mio", disse Giovi. "Scoprirai insieme ai tuoi sogni anche qual è la differenza tra il bene e il male, e soprattutto che fare una cosa per aiutare gli altri vale molto di più che farla per aiutare solo te stesso. Riprenderai gli studi subito dopo l'estate, questo te lo prometto".

Mirco rispose: "Non ho mai fatto un viaggio tanto lungo e non mi sono mai allontanato da casa in modo così definitivo. Dove siamo?

Il padre rispose: "Stiamo seguendo il fiume Okavango, siamo quasi arrivati al suo delta, in Botswana, dove c'è una pianura sconfinata. Probabilmente incontreremo elefanti e gorilla.

Giovi disse: «Ragazzi, facciamo un ultimo giro di ricognizione, nel frattempo cerchiamo di raggiungere uno di quei posti dove si paga molto per dormire sotto le stelle».

Il sole scomparve e, dopo ore di caldo arido, calò la sera. La Jeep era ormai parcheggiata senza benzina e Giovi disse che si sarebbe svegliato all'alba per preparare tutto il necessario per la giornata di caccia.

Il giorno in cui suo figlio avrebbe dovuto sparare il suo primo colpo, quale posto migliore di una distesa incontaminata?
I guardiacaccia non erano ovunque, inoltre loro avevano portato solo l'essenziale e speravano di non dare troppo nell'occhio.

Il giorno successivo, Mirco fu l'ultimo ad alzarsi: non aveva mai dormito così bene e il canto degli uccelli al mattino gli aveva messo il buonumore.

Il piano era trovare il posto giusto dove incontrare un elefante e, affinché suo padre fosse soddisfatto, sarebbe bastato anche solo farlo assistere a un giorno di caccia concluso bene.

Massimo: "Capo, il carburante è stato messo nella Jeep. Le armi sono nascoste e non vedo l'ora di sparare a quegli enormi elefanti".

Giovi: "Bene, siamo pronti a partire; Flavio, hai studiato la mappa e il punto in cui siamo diretti?"

Flavio: "Certo capo, siamo a 22 km dal punto in cui è più probabile e sicuro tentare di cacciare un grosso pachiderma".

Mirco ascoltava sbalordito e sorpreso mentre loro parlavano di organizzare l'attacco a un povero elefante.

Cercava di mantenere la calma, perché era consapevole che il padre desiderava per lui un futuro che non fosse necessariamente legato alla caccia.

Giovi disse: "Mirco, tu sei dei nostri oggi. Sei mio figlio e l'Africa ti chiama con il suo canto a fare la tua parte. Ti voglio partecipe, anche solo per aiutarci ad avvistare qualche buona preda. Abbi fede e ne usciremo con una grossa ricompensa che varrà anche per i tuoi studi".

La squadra si mise in viaggio e la macchina fotografica di Flavio scattò foto mozzafiato: Mirco stava usando il cannocchiale e la sua vista, ormai, era abituata a vedere spettacoli paradisiaci.

In poco tempo arrivarono a destinazione. Massimo, che era sempre il più audace in battaglia, voleva provare a posizionarsi su quella duna da cui si poteva ammirare la vasta vista di quella laguna incontaminata in cui si trovavano gli elefanti.

Non era un colpo semplice e sicuramente Mirco non avrebbe potuto premere il grilletto di quel fucile, così Giovi, come suo solito, prese le redini in mano e si avvicinò alla preda.

Mirco decise di rimanere vicino alla jeep con Flavio. Lui sarebbe rimasto di guardia al ragazzo e al denaro che usavano per corrompere i guardiacaccia, laddove ce ne fosse stato bisogno, e per pagare il resto del viaggio.

Erano situati quasi al confine del parco e avevano buone possibilità di fuga e di salvezza.

I due uomini, alla ricerca di avorio, erano così organizzati: Giovi aveva con sé un piccolo calibro per far inginocchiare l'elefante, mentre Massimo imbracava una carabina per sparare il colpo decisivo alla testa del pachiderma.

Nel frattempo, alle spalle della duna, Mirco si rese conto che un'auto si stava avvicinando e stava perlustrando il perimetro del parco con un cannocchiale.
Si trattava di guardie del parco e Mirco andò subito nel panico.

Ormai era troppo tardi: Giovi aveva già sparato quattro colpi alla bestia che era inginocchiata e Massimo stava per sparare il colpo finale. Flavio prese la macchina e disse a Mirco di nascondersi. Andò incontro ai guardiani del parco per offrire loro del denaro.

Lo scontro a fuoco era già iniziato e Giovi, Massimo e poi anche Flavio ebbero la peggio.

I primi due furono uccisi dal fuoco dei guardiacaccia; Giovi fu colpito in pieno volto, mentre Flavio, che si era dato alla fuga, venne catturato e condannato a scontare una pena detentiva.

Mirco era solo un ragazzino di 13 anni e la vista del padre, massacrato da un'arma da fuoco, gli fece nascere il disprezzo per la violenza e per le armi, sentimento che era insito in lui fin da sempre.

Sua madre pur essendo innamorata di un uomo come Giovi, aveva cresciuto Mirco dando sempre il meglio di sé, insegnandogli ad amare il prossimo, compreso il padre, per quello che era.

Mirco restò in lacrime ad osservare i guardiacaccia che erano impegnati a parlare per radio con i loro superiori.

In realtà, anche loro avevano aperto il fuoco in difesa del parco, ma avevano ucciso due uomini e ora cercavano di capire cosa fosse successo.

Mirco era pietrificato, poi, come un fulmine, si riprese dal trauma. Era rimasto solo, ma un segnale di salvezza stava per arrivare. Altre macchine raggiunsero il posto.

Mirco era ben nascosto e, osservando attraverso il cannocchiale, vide degli uomini che, ai suoi occhi, gestivano quella enorme riserva nel rispetto e nella protezione dell'ambiente e degli animali. Così, uscì allo scoperto e iniziò a raccontare la sua storia. Per fortuna, uno di loro era italiano e lottava in Africa per i diritti degli animali.

Quando ascoltò le parole in lacrime di quel ragazzo che, all'apparenza, non aveva nulla a che vedere con quei bracconieri, si commosse molto.

Anche lui aveva un figlio, e sapere che Mirco era rimasto solo al mondo e che era stato coinvolto in una giornata di caccia ad animali protetti, per di più contro la sua volontà, lo spingeva a fare qualcosa.

Decise che avrebbe fatto tutto il possibile per aiutarlo a ritrovare la sua strada; sapeva che il ragazzo aveva bisogno di aiuto, così decise di adottarlo e prenderlo con sé.

2. Botswana - Africa

Apriamo una parentesi e cerchiamo di capire in che parte dell'Africa ci troviamo.

Hai mai sentito parlare del Botswana?
Si tratta di uno stato dell'Africa meridionale che offre molto più dei safari.
Qui si trova una cultura affascinante e variegata, con numerose tribù indigene che hanno saputo preservare le proprie tradizioni e il proprio stile di vita.

La popolazione del Botswana è composta principalmente da tribù di origine bantu, come i Tswana, i Kalanga e i Kgalagadi. La musica e la danza tradizionale rivestono un ruolo importante nella cultura del paese; un esempio è la danza "tsutsube", eseguita in occasione di cerimonie importanti come matrimoni e funzioni religiose.

Nel Paese si parlano molte lingue e se sei un amante delle culture diverse e delle avventure incontaminate, il Botswana è il luogo perfetto per te.

La riserva di caccia controllata della Moremi Game Reserve, nel Botswana, con i suoi oltre 4.871 km², è un luogo straordinario per gli amanti di questo continente.

Si trova nella regione del delta dell'Okavango, famosa per la sua elevata biodiversità.
Qui è possibile partecipare a safari di caccia guidati, ma è importante sottolineare che la caccia avviene in modo sostenibile, solo a scopo di conservazione e nel rispetto delle quote assegnate.

Al contrario, il parco del Chobe, sempre in Botswana, è una delle riserve faunistiche più rinomate al mondo e si estende su un'area di 11.700 km².

Questo parco nazionale è famoso per ospitare la più grande popolazione di elefanti della Terra, con stime che superano i 120.000 esemplari.

La caccia è proibita nel parco da oltre 40 anni e la protezione degli elefanti è una priorità assoluta.

Gli sforzi sono profusi per preservare e conservare questa specie minacciata e la pacifica convivenza tra le specie animali e gli abitanti locali è una missione chiave.

Nel parco del Chobe l'ecoturismo è particolarmente sviluppato con safari in jeep, safari in barca lungo il fiume Chobe ed escursioni a piedi per immergersi nell'habitat naturale degli elefanti e apprezzarne la bellezza e la maestosità.

In questo Parco Nazionale, il prof. Guglielmi concentrava la sua attività e la sua ricerca sulla "gestione sostenibile delle riserve.

Dedicava il suo impegno anche alla protezione degli elefanti, permettendo ai due parchi di poter diventare mete turistiche di grande rilevanza per gli amanti della natura di tutto il mondo.

Visitare il parco del Chobe offre l'opportunità di fare un'esperienza unica, immergendosi nella natura incontaminata del Botswana e apprezzandone la straordinaria convivenza tra elefanti e uomo.

Le novità introdotte dal professor Guglielmi avevano spinto anche la Moremi Game Reserve a seguire l'esempio della riserva del Chobe.

Gli elefanti erano cresciuti a dismisura lungo il fiume Chobe grazie all'impegno profuso per 40 anni nella protezione dalla caccia e nella salvaguardia dell'habitat; ciò aveva consentito al parco del Chobe di aumentare il numero di esemplari adulti e la Moremi Game Reserve aveva deciso di promuovere la stessa attività.

Mirco stava imparando che entrambi i parchi offrivano numerose opportunità per i visitatori di osservare e interagire con gli elefanti e le altre specie selvatiche. Ed era compito di tutti alimentare questa macchina e difenderla.

Dopo due anni trascorsi in compagnia della sua nuova famiglia, lui preferiva chiamare il suo nuovo padre, Professor Andrea Guglielmi, così lo chiamavano anche i ragazzi che lo avevano preso come fonte di ispirazione lì in Botswana.

Andrea Guglielmi era uno zoologo che si batteva a livello internazionale per la protezione dei diritti degli animali. Il Parco del Chobe era il luogo perfetto per lui; il lavoro che faceva lo aveva reso uno studioso affermato.
Aveva contribuito a mantenere la pace e l'equilibrio tra tutte le specie viventi.

Le persone e il mondo intero che venivano a visitare il parco lo conoscevano e lo ammiravano.

Mirco aveva imparato a comunicare in lingua inglese e aveva acquistato molti libri per studiare gli animali, nonché la chimica e la biologia umana.

Aveva deciso di prepararsi per studiare medicina, ma non voleva più lasciare l'Africa, perché era convinto che un giorno sarebbe potuto diventare un medico di successo e famoso, grazie anche al suo impegno a protezione degli animali e del continente africano.

Andrea aveva 57 anni, credeva molto in Mirco e lo trattava come il suo secondo figlio.

Il suo primogenito si chiamava Italo e lavorava come guida turistica in Namibia.

La sua passione per la Namibia era nata più o meno quando aveva la stessa età di Mirco, ormai erano passati 12 anni, Italo oggi ne aveva 27, ma il suo posto preferito era rimasto Kolmanskop.

Era diventato uno dei suoi itinerari di viaggio da proporre anche ai turisti più curiosi e quest'anno aveva invitato la sua famiglia a visitare Kolmanskop, convinto che anche al giovane Mirco sarebbe piaciuto poter vivere questa avventura.

Secondo la legge internazionale ed italiana, Mirco era il figlio adottivo del professor Andrea Guglielmi e della signora Serena Marconi, sposati in Italia quasi 30 anni prima.

La coppia aveva avuto solo Italo come figlio e, dopo essersi trasferita in Africa, aveva deciso di dedicare la propria vita alla lotta a favore di uno dei paesi più ricchi e depredati al mondo, sia per le risorse del sottosuolo che per la fauna locale.

Non avrebbero avuto problemi quindi ad affrontare questo viaggio in Namibia, tutto era in regola, e per Mirco sarebbe stata la prima vera vacanza dopo la morte del padre Giovi.

La partenza era avvenuta di venerdì dalla città di Kasane, in Botswana, e il viaggio sarebbe stato compiuto in auto con un fuoristrada.
Avendo raggiunto la frontiera con la Namibia avrebbero guidato fino a Lüderitz, percorrendo quasi 850 km.

Si fermarono per la notte in un albergo molto carino dove avrebbero cenato insieme come una normale famiglia. Il giorno dopo gli sarebbe bastato fare 40 minuti di auto per arrivare nella città misteriosa.

Il viaggio era programmato anche prima di doversi recare in Italia per incontrare un responsabile incaricato dal tribunale Italiano di occuparsi della disavventura occorsa a Mirco.

Volevano passare del tempo insieme e creare bei ricordi.

Questo viaggio sarebbe stata l'occasione per il professor Guglielmi di vedere suo figlio Italo e trascorrere del tempo con lui, cosa che non accadeva da tempo.

La questione era diventata ormai internazionale: il Botswana non aveva fatto altro che applicare le proprie leggi per salvaguardare il proprio territorio dal fenomeno del bracconaggio. L'Italia, al pari, non faceva altro che applicare le norme sull'adozione internazionale e aveva anche preso in considerazione sia la famiglia che aveva fatto domanda di adozione, sia l'assenza di qualsiasi parente che potesse opporsi o che Mirco conoscesse o che volesse prendersi cura di lui.

Le giornate erano comunque sempre piacevoli, trascorse a studiare e a osservare la vita all'interno del parco del Chobe ma i giorni prima della partenza per la Namibia furono frenetici.

L'idea del viaggio a Kolmaskop li rendeva entusiasti e stuzzicava la fantasia di Mirco, che nel frattempo aveva ripreso a sorridere, sentendosi parte di quella famiglia.

Aveva sentito parlare spesso di Italo e di quando il loro primo figlio aveva la sua stessa età.

Aveva iniziato a fare delle ricerche online, incuriosito dai segreti di Kolmanskop e aveva sentito dire molte cose dai suoi nuovi amici in Botswana riguardo al deserto che aveva ricoperto tutto.

Sapeva che la città, conosciuta anche come città fantasma, era stata fondata dai coloni tedeschi nel 1908; l'aveva letto su Internet e aveva scoperto che questi uomini avevano costruito Kolmanskop come accampamento per sfruttare le miniere di diamanti presenti nella zona.

La città era cresciuta a dismisura in pochissimo tempo, attirando molti opportunisti e speculatori, ma fu poi abbandonata quando l'estrazione dei diamanti si esaurì.

Oggi il deserto l'aveva avvolta di mistero.
C'è chi dice di aver visto dei fantasmi in quel posto, altri ragazzi nella riserva gli hanno detto che in quel posto ci abiti il male e che lo si percepisce sulla pelle quando ti è vicino.

Mirco non era spaventato, non credeva a queste storie, al suo ritorno avrebbe mostrato le foto fatte con la macchina fotografica a tutti.

3. Kolmanskop - Namibia

Era il 7 maggio 2027, era un venerdì, e avevano già caricato in auto delle grosse valigie che contenevano indumenti adatti sia a un clima freddo che a uno caldo. Avrebbero trascorso del tempo vicino al deserto e c'era il rischio che durante la notte si verificasse un'escursione termica più forte rispetto al parco del Chobe in Botswana.

Mirco non si era sentito bene quella notte e aveva vomitato più volte senza chiudere occhio. Nonostante ciò, disse di voler partire presto, perché era consapevole di quanto il viaggio fosse lungo.

Andrea: "Mirco, ascolta, non siamo obbligati a partire, possiamo sempre rimandare a quando starai meglio, non sforzarti di essere gentile, così ci fai preoccupare. Se ti senti male devi dircelo"

Mirco: "Davvero, sto bene. Forse ieri ho esagerato con la gelatina, ma ora mi sento meglio. Credo di avere soltanto bisogno di dormire un po' di più. Avrò tutto lo spazio e il tempo per riposare durante il viaggio".

Avevano portato con sé delle medicine per il mal d'auto e decisero di partire quando ancora non era sorto il sole, dirigendosi verso il confine con la Namibia.

Serena, la moglie del professor Guglielmi, aveva preparato un thermos di the e avevano deciso di fermarsi lungo la strada per una sosta e per mangiare qualcosa di leggero.

Mirco aveva portato una chiavetta USB con delle canzoni caricate sopra, ma dormì per tutto il viaggio e, quando si svegliò, avevano già imboccato la strada per Lüderitz senza incontrare problemi al confine. Chiese di spegnere l'aria condizionata e disse che già si sentiva meglio.

Voleva respirare un po' d'aria pulita e svegliarsi completamente, così decisero di fare una sosta e fermarsi per il pranzo.

La temperatura fuori, adesso, era molto alta; non si erano accorti di quanto facesse caldo. Andarono in bagno e si sedettero per ordinare. Mirco mangiò solo del riso in bianco con del pollo e dei datteri.

Andrea disse: "Mancano circa 4 ore e 30 minuti all'arrivo. Lì incontreremo Italo e dormiremo una notte in albergo. Sono sicuro che non farà caldo come adesso quindi possiamo anche tirare fuori qualcosa di più pesante da mettere quando arriveremo".

Serena: "Sono felicissima di fare questo viaggio, Mirco. Senza di te non sarebbe stato lo stesso e non sarebbe un viaggio così piacevole. Sei un ragazzo fantastico, presto giungeremo all'arrivo".

Mirco: "Ho una felpa nello zainetto e ascolterò solo un po' di musica per far passare il tempo. È meglio se non inizio a leggere il libro che ho portato, potrei sentirmi di nuovo male. Finiamo il cibo e partiamo?

Si alzarono e Andrea andò a pagare il conto, acquistando anche un piccolo regalo: un laser che avrebbero potuto usare di notte per puntare oggetti anche molto distanti. Mirco ne rimase sorpreso e contento.

Ripresero il viaggio e arrivarono a destinazione quando ormai era passato da un po' l'orario di cena. Italo era lì ad aspettarli.

Rimasero felicissimi ed emozionati di ritrovarsi; insieme erano una bella famiglia, tutti con delle storie un po' fuori dal normale.

Si sedettero prima nella hall dell'albergo a parlare di tutto quello che era successo e stava succedendo in quel periodo.

Qualcuno avrebbe potuto definirli dei veri e propri sognatori, di quelli che però vogliono i propri sogni realizzati.

Italo aveva conosciuto una ragazza che aveva studiato la cultura del suo paese di origine, la Namibia, e che gestiva vari progetti riguardanti il patrimonio naturale e paesaggistico del luogo.

Spingeva sempre Italo a conoscere tutto sulle attrazioni per turisti: gli parlò del parco nazionale della Costa degli Scheletri, dove si trovavano navi naufragate e scheletri di balena; del deserto del Namib, con le sue dune di sabbia rosse che si estendono fino al mare; e di altri parchi nazionali che includono una flora e una fauna invidiate in tutto il mondo.

Gli parlò anche di attività come lo snowboarding sulle dune di sabbia e il paracadutismo.

I due si erano subito piaciuti e il più grande aveva subito fatto i complimenti al più giovane, ritenendolo un ragazzo molto intelligente e sempre pronto ad aiutare gli altri.

Mirco, invece, sperava di poter presto vivere quelle avventure, scattare foto mozzafiato e vedere coi propri occhi quei paesaggi da cartolina. Andarono a dormire tardi quella sera e si svegliarono ancora più tardi.

La destinazione del loro viaggio stava per essere raggiunta, così scesero con calma a fare colazione. Mangiarono quasi un pasto completo, per fortuna non c'erano orari per accedere al ristorante.

Avevano preparato i propri zaini e caricato le videocamere. Scattarono anche una foto ricordo all'entrata dell'hotel, che aveva una facciata in pietra che ricordava una vecchia muraglia, nonostante ciò, l'interno era molto elegante.

Durante il viaggio, ascoltarono qualche canzone tra quelle caricate sulla chiavetta USB che Mirco aveva portato dal Botswana.

Italo viaggiava in compagnia della sua ragazza, Maria Nakale, un nome molto comune in Namibia che significa "benedizione".

Erano abituati a svegliarsi presto e avevano anticipato i tempi, in attesa dell'arrivo di Mirco e dei suoi genitori, così, subito dopo la foto ricordo, decisero di mettersi in cammino.

Finalmente, nel primo pomeriggio, arrivarono a Kolmanskop. Mirco ebbe un flashback della città quando ancora era viva e abitata dai cercatori di diamanti, come se avesse vissuto in prima persona quei momenti.

La città deserta era irriconoscibile: completamente ricoperta di sabbia, mentre gli edifici non sembravano delle rovine, ma strutture sommerse ben definite.

Decisero di fare snowboard sulle dune.

Mirco il giorno prima, aveva fatto molte domande a proposito delle dune rosse. La scoperta che erano presenti anche lì, nella città deserta, lo lasciò praticamente senza parole.

Andrea disse: "Voglio fare un video mentre scendete giù da quell'enorme discesa, sono sicuro che vi piacerà rivederlo quando sarete a casa".

Così salirono in cima a quella duna da cui scattarono a loro volta una foto al panorama riprendendo dall'alto Kolmanskop. Poi si lanciarono in una discesa vorticosa.

Mirco cadde più di una volta e Serena lo aiutava a rialzarsi, agli occhi di Andrea era tutto davvero esilarante. Il nostro protagonista non aveva un buon equilibrio, così diede la macchina fotografica alla madre prima di continuare a scendere.

Andrea aveva fatto dei video molto buffi di tutte le discese, e il tempo era trascorso in fretta, lasciando spazio al tramonto. Si fermarono a bere un tè.

Era il momento di raccontare una storia sui misteri della città sommersa dalla sabbia. Italo disse che alcune persone del posto erano convinte che ci fosse un fantasma di un uomo che si aggirava in quel luogo.

Pare che questo povero individuo, vissuto un secolo prima, fosse morto nello sforzo invano di diventare ricco. Era stato l'ultimo ad abbandonare quella città, convinto di trovare tra le macerie un grande bottinino di pietre preziose.

Anche da morto dicono che era rimasto lì, convinto che un giorno ce l'avrebbe fatta ad andare via da quella città con una cassa piena di diamanti.

Questa storia fece riflettere Mirco, che pensò ai suoi sogni ancora da realizzare e alle parole del padre: "Se vuoi realizzare i tuoi sogni in tempo, scegli ora". Gli venne un nodo alla gola.

Non fece notare a nessuno il suo stato d'animo, anzi, tutti pensavano fosse molto stanco, tornarono in hotel e passarono la notte davanti a un fuoco acceso.

Il giorno successivo avrebbero visitato il Parco Nazionale Etosha. Era questa la decisione di Andrea che aspettava di incontrare un suo collega

Era l'occasione perfetta per poter parlare della fauna protetta all'interno dei parchi in cui lavoravano e per adoperarsi per la tutela dei diritti degli animali in modo congiunto.

4. Il Parco Nazionale Etosha

Il Parco Nazionale Etosha è uno dei parchi nazionali più grandi dell'Africa, si trova nella zona a nord della Namibia. Il parco si estende su un area molto vasta, di circa 22.270 km² ed è conosciuto per la ricchezza della sua fauna, tra cui elefanti, leoni, giraffe, zebre, gazzelle, rinoceronti neri e molti altri animali.

Il parco è gestito dal Ministero dell'Ambiente e del Turismo della Namibia, che si occupa della conservazione della fauna selvatica e della gestione del parco. Ci sono inoltre numerose organizzazioni non governative che lavorano nella riserva per proteggere la fauna selvatica e il loro habitat.

Tra le organizzazioni che lavorano all'interno del Parco Nazionale Etosha ci sono:

* Save the Rhino Trust: un'organizzazione non governativa che si occupa della conservazione dei rinoceronti neri, che sono a rischio di estinzione. L'organizzazione lavora in collaborazione con il Ministero dell'Ambiente e del Turismo della Namibia per proteggere i rinoceronti neri.

* Wilderness Safaris: un'azienda di safari che offre tour guidati all'interno del parco. L'azienda si impegna per la conservazione della fauna selvatica e sostiene progetti di sviluppo sostenibile nelle comunità locali.

* Etosha Ecological Institute: un istituto di ricerca che si occupa della gestione del parco e della conservazione della fauna selvatica. L'istituto conduce studi sulla fauna selvatica e sulle condizioni ambientali all'interno del parco.

❖ Etosha National Park Guides Association: un'associazione di guide turistiche che lavorano nella riserva. L'associazione si impegna per la conservazione della fauna selvatica e per fornire informazioni accurate ai visitatori del parco, e lo stesso Italo la conosce benissimo, e con loro è abituato a collaborare per offrire tour guidati ai turisti.

Inoltre, ci sono anche numerosi ranger e guardie forestali che lavorano al suo interno. Queste persone svolgono un ruolo fondamentale nella conservazione del Parco Nazionale Etosha e nella promozione del turismo sostenibile nella regione.

Italo e la sua famiglia avevano deciso che, prima di salutarsi, in attesa di un prossimo incontro, avrebbero fatto un pranzo tutti insieme per stare ancora un po' insieme. Così la giovane guida turistica decise di portarli a casa della sua fidanzata per permettere anche a loro di conoscere la sua famiglia.

Il pranzo fu spettacolare: la madre di Maria aveva preparato uno dei piatti più raffinati della cucina locale. In Namibia era molto comune mangiare carne, usare prodotti locali e bere birra. In quell'occasione, il piatto preparato fu il braai, vale a dire una grigliata di carne di antilope servita con il "pap", una polenta tipica.

Accompagnarono il pranzo con del buon vino che, stranamente, negli ultimi 10 anni aveva avuto un impatto considerevole sul PIL del Paese, rendendo la Namibia uno degli esportatori principali di vino a basso costo in Africa, grazie al clima che si era fatto molto più favorevole per la coltivazione dell'uva.

Ciò che più contava era che passarono del tempo piacevole insieme, parlando delle loro vite e condividendo la passione per l'amicizia e il vivere in armonia con ciò che ci circonda.

Quando si salutarono, la famiglia Guglielmi si abbracciò per alcuni minuti. Mirco non prese subito parte all'abbraccio, ma poi, in un impeto di amore, decise di manifestare anche lui tutto l'affetto che aveva maturato in così poco tempo per la sua nuova famiglia. Rimase incredulo scoprendo di aver trovato un fratello maggiore così pronto ad accoglierlo e amarlo sin da subito.

Italo desiderava da sempre un fratello minore, ma era rimasto figlio unico per molto tempo.

Ora che i genitori avevano deciso di adottare Mirco, voleva assumersi quelle che sono le responsabilità di un fratello maggiore.

Quando partirono, il sole stava nuovamente per scomparire, le giornate sembravano passare troppo in fretta. Ora si stavano godendo il viaggio da turisti in quel posto dell'Africa che li aveva accolti e che loro reputavano ormai come una seconda casa.

Arrivarono alla riserva in Namibia in sole 4 ore, ma non diedero ancora alcuna notizia del loro arrivo.

Decisero di fermarsi in una struttura adatta per i turisti, che offriva un livello di accoglienza e tutti i tipi di servizi migliori. Dormirono sonni tranquilli con il volto illuminato da un sorriso; persino Mirco riuscì a distogliere l'attenzione dai pensieri e dai ricordi ancora vivi della morte del padre.

Questo viaggio era motivato dall'incontro con il collega di Andrea. Lui come il professor Guglielmi, si stava battendo in Africa per garantire alle future generazioni le stesse possibilità, se non migliori, di continuare a salvaguardare la flora e la fauna così rigogliose e a rischio.

Negli ultimi anni, la consapevolezza di un impatto ambientale non conforme stava entrando a pieno regime nei dibattiti politici e informali a tutti i livelli della società.

Ad avere un impatto significativo, però, erano coloro che lottavano attivamente per garantire un futuro migliore alle nuove generazioni.

"Noi abbiamo lottato per lasciare questo dono intatto nelle vostre mani": poter dire questo è uno tra i beni più preziosi, se non l'unico, e voi siete i custodi di questo patrimonio.

La Namibia non era da meno degli altri Stati, anzi, si può dire che era tra quelli che guidavano il cambiamento.

Conosciuta per la sua fauna, che include diverse specie a rischio di estinzione, la Namibia è impegnata nella protezione della biodiversità. Oggi lo Stato si impegna a proteggere e salvaguardare la fauna, questo impegno è una priorità del governo.

La Repubblica del Namibia può vantare il 18% della sua superficie sottoposta a tutela e si è impegnata a costituire una squadra per contrastare il fenomeno della caccia illegale.

Ha introdotto sanzioni severe per chi viene sorpreso svolgere attività illegali.

Dopo tanti sforzi per proteggere il proprio territorio attraverso politiche e programmi innovativi, hanno ottenuto dei risultati positivi. Il numero di esemplari di molte specie animali è aumentato e questo permette loro di sviluppare anche il turismo estero legato soprattutto ai safari, ma non solo.

Questo è proprio quello di cui parlavano i due professori nelle loro e-mail. Erano divenuti amici di penna e, ancor prima di incontrarsi di persona, avevano deciso di approfondire, tutti quegli aspetti con cui stavano riscontrando tante opposizioni.

Un esempio evidente era la città di Kolmanskop, dove in passato c'era stato chi voleva solo sfruttare tutte le risorse del territorio.

Il loro impegno a tutela dell'ambiente li aveva resi dei punti di riferimento a livello mondiale. Ricevevano grandi approvazioni e stima da parte di persone da tutto il mondo che insieme a loro si battevano a tutela dell'ambiente.

Con il sorgere del sole, dunque, si diressero verso il Parco Nazionale Etosha.

Andrea aveva chiamato il collega francese a telefono quella mattina. Dovevano incontrare il dott. Fabrice Dupont e avevano appuntamento all'entrata principale del parco.

Non avevano difficoltà a parlare in francese con lui e a capire tutto perfettamente.

Il dottore che presiedeva il parco aveva detto all'ingresso che il professor Guglielmi e la sua famiglia avevano il lasciapassare.
Era una visita di lavoro ma dovevano essere accolti come amici.

Entrambi si impegnavano in questa lotta sin da quando erano in Europa ed era importante dare il benvenuto a chi lottava per mantenere intatta la bellezza del continente africano.

I due erano seduti da ore a scambiarsi pareri e aggiornamenti sullo stato attuale delle cose e a elaborare progetti per il futuro.

Rimasero d'accordo che avrebbero messo tutto nero su bianco quello che avevano già scritto nelle e-mail e che era sotto gli occhi di tutti.

Volevano la divulgazione di questi traguardi per la popolazione e per l'intero territorio, e volevano che la popolazione si sentisse protagonista di un riscatto.

Erano anche consapevoli che non tutti sarebbero stati collaborativi, ma avevano comunque intenzione di fare tutto il possibile per sensibilizzare l'opinione pubblica.

Si salutarono con la promessa di rivedersi presto, sperando, in quella occasione, di poter festeggiare insieme il conseguimento di nuovi e più importanti traguardi.

Nei giorni successivi quindi iniziarono a diffondere comunicati stampa. Crearono una campagna di comunicazione che mettesse in risalto i risultati ottenuti.

Parlavano positivamente dell'operato di tutti coloro che avevano dato il proprio contributo.

Quando tornarono nel parco del Chobe, il prof. Guglielmi era determinato a diffondere in Europa, in America e nel resto del mondo le notizie sulle attività svolte in Africa per proteggere l'ambiente.

Tutto questo per promuovere ulteriormente il turismo, informare la popolazione mondiale e invogliare a fare lo stesso altrove.

5. Un solo destino

Mirco non aveva mai preso l'aereo se non con suo padre Giovi, quando era arrivato per la prima volta in Africa.

Aveva scoperto all'ultimo momento che sarebbe arrivato un jet privato italiano a prenderli, per portarli direttamente a Firenze.

Sarebbero partiti dall'aeroporto di Kasane, che si trovava a tre ore di macchina di distanza dalla loro casa, situata all'interno del parco del Chobe.

Non sapevano ancora nulla di cosa stesse succedendo, ma le ultime comunicazioni parlavano di difficoltà ritenute gravi e che il loro viaggio era per discutere delle vicende accadute e per riportare Mirco in Italia. Il viaggio era ancora una volta lungo.

Oltre a Mirco e Andrea, i passeggeri del jet erano due funzionari di alto grado del Ministero della Giustizia, il pilota, il copilota e un'hostess; un equipaggio piuttosto ridotto, insomma, si capiva che il loro non sarebbe stato un viaggio che li avrebbe fatti sentire a proprio agio e temevano che forse non si sarebbero più rivisti.

Andrea decise di affrontare l'argomento introducendo le sue paure riguardo alla possibilità di perdere Mirco.

Riconosceva che, nonostante l'impegno e i buoni propositi, le circostanze imponevano a Mirco di restare in Africa, di rinunciare alla sua vita in Italia e di trasferirsi in un paese ancora in via di sviluppo che non offriva neanche lontanamente gli standard europei, seppur esistevano alcune oasi di lusso per turisti sparse nel territorio.

Non c'era la certezza che Mirco sarebbe potuto rimanere in Africa, il tribunale riteneva che il suo stile di vita attuale non fosse adeguato agli standard con i quali era stato cresciuto dai genitori biologici.

Senza nemmeno scendere nei particolari della sventurata morte del padre, della prematura scomparsa della madre o dei possibili parenti lontani in vita, che non volevano vedere Mirco e non si erano offerti di aiutarlo.

Il giudice era stato fin troppo buono a detta dei funzionari; aveva lasciato alla nuova famiglia, venutasi a formare da poco, la scelta di trasferirsi in Italia per continuare a vivere insieme o lasciare Mirco al proprio destino in Italia.

Questa situazione era inaccettabile per il professor Guglielmi, ma questa volta non sapeva come opporsi. Sapeva però che non gli stavano dicendo tutta la verità.

A quel punto giocò il tutto per tutto e ipotizzò con i funzionari che forse c'era qualche altro impedimento che stavano nascondendo.

Mirco voleva capire che fine avesse fatto Flavio, perché astuto com'era, sicuramente aveva architettato qualcosa. Le possibilità che si trovasse in Italia erano scarse, e anche se fosse stato così, le sue erano soltanto ipotesi.

In effetti, il tribunale aveva ricevuto molte pressioni dall'opinione pubblica. Alcuni consideravano illegittima l'adozione, perché il padre di Mirco era morto per mano delle stesse guardie che proteggono i parchi dove ora Mirco viveva in armonia. Il suo nuovo padre inoltre era una figura di spicco di quel posto.

Mirco e Andrea avevano perso il controllo della situazione e si ritrovarono ostacolati da quella parte di persone che non condividevano la loro missione o comunque il loro tipo di vita.

Il passo successivo era quello di rivolgersi a uno psicologo che potesse scrutare Mirco a fondo per capire se riscontrasse un rifiuto rispetto a quella situazione di affidamento che aveva già vissuto in Africa.

Fecero il viaggio su due sedili diversi, lontani l'uno dall'altro, perché le persone che li scortavano li costrinsero a rimanere separati finché il giudice non si fosse pronunciato in merito. Non aggiunsero altro, ma erano convinti che il ragazzo volesse tornare in Italia.

Mirco non poteva sopportare quello che stava succedendo, restava però convinto che il professore Guglielmi agisse in buona fede. Il padre era un criminale e, sebbene lui lo amasse, come amava anche sua madre, al mondo, in quel momento, non c'era nessun altro che, meglio della famiglia di Andrea, potesse prendersi cura di lui e proteggerlo.

Sapeva di potersi fidare ciecamente, una cosa era certa: non avrebbe mai ricevuto una delusione da parte di Andrea, Serena o Italo.

Stava facendo tesoro delle sue esperienze in Africa, aveva stretto nuove amicizie e aveva tutto il tempo per dedicarsi allo studio, imparando tanto ogni giorno, sul campo e sui libri.

Quando ci fu l'incontro con lo psicologo, Mirco mantenne le stesse convinzioni, anzi, i suoi progetti di vita e la sua quotidianità in Africa superavano anche le aspettative di chi lo stava analizzando.

Insomma, l'esito riferito al tribunale non poteva che essere positivo.

La sentenza del giudice archiviava uno dei casi più controversi e dibattuti degli ultimi 20 anni: Mirco faceva ufficialmente parte della famiglia del professor Andrea, e questo era indiscutibile.

Ogni tanto avrebbero dovuto informare il tribunale e il giudice sul buon andamento di Mirco e su tutto ciò che poteva interessarli, ma nessuno avrebbe più potuto opporsi alla loro scelta.

Quello che avevano programmato padre e figlio era che, fino all'età di 18 anni, come stabilito e come avevano comunicato al giudice, Mirco sarebbe rimasto in Africa a studiare per prepararsi alla carriera in medicina e acquisire una cultura più o meno vasta su tutto quello che si studia a scuola.

Il diploma che avrebbe ottenuto in Africa sarebbe stato convalidato in Italia quando avrebbe raggiunto la maggiore età; avrebbe frequentato l'università in Italia, come aveva fatto il prof. Guglielmi.

Approfittarono per vedere Firenze e per comprare alcuni libri sui quali Mirco poteva iniziare a studiare.

Avevano tirato un sospiro di sollievo e si stavano godendo il resto del loro viaggio in Italia.

Andrea portò Mirco a fare escursionismo a cavallo, mangiarono a sacco e videro il tramonto con il sole che scompariva dietro a una collina.

Mentre il centro della città era un'urbanizzazione complessa con tante strade moderne, la parte dei colli fiorentini offriva ancora la possibilità di immergersi nel verde e di godersi la natura, come loro avevano fatto quel giorno.

Tra adempimenti che erano costretti a fare, visite a musei e luoghi storici; Andrea decise di andare a trovare suo cugino, un uomo che abitava a Lucca, in Toscana, non molto lontano da Firenze.

Passarono il weekend da questo simpatico signore che lavorava come tassista e conosceva le strade della Toscana molto meglio dei navigatori satellitari.

Li accolsero in casa con le migliori riverenze, emozionati di rivedere Andrea dopo tanto tempo, e li fecero sentire come a casa. Dopo una passeggiata per il centro storico di Lucca, si fermarono a cena in un ristorante che Enzo, il cugino di Andrea, apprezzava particolarmente.

Mangiarono davvero bene: una bistecca alla fiorentina che Mirco non avrebbe mai potuto finire completamente da solo, ma con l'aiuto di Enzo non fu un problema. Il lunedì ripartirono di nuovo verso il parco del Chobe.

Durante il viaggio in aereo, hanno discusso di come sarebbero trascorsi i 3 anni successivi, finché Mirco non avrebbe compiuto i 18 anni.

Doveva impegnarsi al massimo per essere pronto a iniziare gli studi da medico in Italia e questi anni sarebbero stati molto importanti.

Ora, finalmente, poteva concentrarsi sul suo futuro e aveva la fortuna di avere gli amici che abbiamo conosciuto a sostenerlo.

6. Il futuro appartiene a noi

"Il futuro appartiene a noi" era la frase che più amava ripetere la famiglia Guglielmi quando, in merito ai programmi che si erano prefissati, si presentavano ostacoli lungo il percorso per il raggiungimento dei loro obiettivi.

Questa frase esprime speranza e piena consapevolezza del proprio potenziale, delle proprie capacità, e non solo. Significa anche che siamo gli artefici del nostro destino e che possiamo lasciare un'impronta significativa nel mondo.

Indica la nostra determinazione a raggiungere i nostri obiettivi e a creare un futuro migliore per noi stessi e/o per gli altri.

Questa frase ci spinge a non arrenderci di fronte alle sfide e a impegnarci con determinazione per realizzare i nostri sogni.

Mirco era un sognatore, e anche Andrea lo era. I sognatori desiderano realizzare i propri sogni.

Il prof. Guglielmi e il parco del Chobe, come il suo amico in Namibia, il dott. Dupont e molti altri parchi nazionali africani, avevano aderito a un programma chiamato "The Global Tourism Council (GSTC)" che fornisce norme internazionali per il turismo sostenibile.

Il programma promuoveva l'adozione di tutte le prassi corrette, accettate a livello internazionale, per la salvaguardia della fauna e la gestione degli animali all'interno dei parchi nazionali, delle riserve e dei safari.

Il programma promuoveva inoltre l'adesione dei nostri attivisti a un turismo ancora meno impattante sull'ambiente, che massimizzava i benefici per le comunità locali e minimizzava l'impatto negativo.

Avevano iniziato a educare i visitatori promuovendo pratiche corrette anche attraverso gli stessi operatori turistici e le guide che organizzavano i viaggi e conducevano i safari.

Il prof. Guglielmi e il dott. Dupont puntavano a sviluppare una certificazione specifica, un marchio distintivo per i safari e i parchi nazionali che valutasse la qualità e il rispetto dei diritti degli animali al loro interno.

L'obiettivo era anche quello di includere programmi di formazione per le guide dei safari e il personale dei parchi, e di garantire la massima trasparenza nel processo di valutazione dei risultati.

Coinvolgendo, in modo attivo, organizzazioni e gruppi che si occupano di proteggere gli animali avrebbero avuto criteri imparziali e oggettivi.

Questo permetteva di dare alla loro certificazione un'importanza particolare e di garantirne il successo grazie alla partecipazione di persone esperte.

Grazie anche alla collaborazione dei governi, degli investitori, delle guide e di tutti gli interessati alle attività dei parchi, il progetto aveva preso piede nel continente e i risultati erano molto promettenti: l'iniziativa aveva portato ottimi cambiamenti.

Il futuro forse si preannunciava più roseo e i tanti sacrifici fatti in questi anni avevano segnato il cambiamento.

Mirco, nel frattempo, era cresciuto ed era diventato più forte.

Aveva continuato a coltivare le sue passioni per la musica e la fotografia e si era impegnato molto nello studio.

Era diventato esperto di molte tradizioni locali, musiche e balli.

Per i suoi sedici anni, Serena gli aveva regalato una marimba in legno e gli aveva insegnato a suonarla. Spesso, i due trascorrevano i pomeriggi insieme a suonare qualche melodia o ad ascoltare qualche nuovo disco.

La marimba è uno strumento a percussione costituito da una serie di barre di legno o di metallo disposte in ordine di altezza che vengono colpite con dei martelletti per produrre suoni musicali.

Mirco aveva anche amici della sua età con cui condivideva queste passioni e spesso stringeva amicizia anche con i turisti.

Imparando a conoscere il mondo e a sentirsi a proprio agio in qualsiasi situazione era pronto ad affrontare la vita adulta.

Avrebbe compiuto 18 anni di domenica, nel 2030, il 10 marzo. I festeggiamenti sarebbero stati memorabili. La festa che avevano in programma contava un centinaio di invitati, musica e balli, e sarebbero venuti anche Italo con Maria e la sua famiglia.

La giovane coppia si era sposata all'inizio dell'anno e ora viveva insieme, gestendo una piccola impresa turistica che promuoveva svariate attività.

La notte del suo compleanno, a Mirco accadde qualcosa che lo fece innamorare per la prima volta.

C'era una ragazza con cui aveva sempre avuto dei dialoghi molto interessanti e che aveva imparato a volere veramente bene: si chiamava Mphoentle Kagiso.

Suo padre lavorava all'interno del parco e la ragazza aspettava impaurita e con ansia quel giorno, perché era perdutamente innamorata di Mirco. Quella sera vissero insieme dei momenti che accesero una fiamma nei loro cuori.

La ragazza non voleva perdere il suo primo amore e sapeva che Mirco si sarebbe trasferito in Italia a luglio per studiare medicina.

Avrebbe vissuto a casa di Enzo in Toscana, che aveva accettato di ospitarlo per tutta la durata dei suoi studi all'università di Firenze.

Passarono una primavera ricca di esperienze e la ragazza aveva portato nella vita di Mirco quel tocco di spensieratezza e felicità di cui aveva tanto bisogno. Il tempo passava senza freno e sia Mirco che Mphoentle erano innamorati.

Il giorno della partenza, Mirco fece alla ragazza una promessa: avrebbe iniziato a studiare in Italia, ma la loro storia non sarebbe finita; sarebbe ripresa esattamente dal momento in cui si erano lasciati.

Mirco sperava di completare velocemente gli studi e di ottenere la possibilità di fare volontariato in Africa, fare esperienza e iniziare lì, in Botswana, la sua carriera da medico.

Mirco sapeva bene che ogni cosa che si vuole ottenere, si sogna o si desidera, comporta dei sacrifici.

Mphoentle era parte della sua esistenza, ma non poteva rinunciare a Firenze; questa volta dipendeva solo da lui e non avrebbe rinunciato al sogno della sua vita né al suo primo amore per nessuna ragione al mondo.

REALIZATION OF DREAMS

www.ingramcontent.com/pod-product-compliance
Lightning Source LLC
Chambersburg PA
CBHW050044260726
48658CB00005B/1759